Tere Mere Darmiyaan

21 Songs of Love

Smriti Bhatheja

BookLeaf Publishing
India | USA | UK

Made with ❤ on the BookLeaf Publishing Platform
www.bookleafpub.in
www.bookleafpub.com

Dedication

To Love in it's purest form - 'Dedication'

Preface

Love has always found a way to speak — sometimes in words, sometimes in silence, and often in the spaces that exist - T*ere mere darmiyaan.*
This book is a collection of words born out of those moments — where the heart spoke silently, where unspoken emotions found voice in verses, and where love revealed itself in its purest, most fragile and most vulnerable form.
Each nazm, each song, each line carries a piece of longing and a whisper of togetherness.
These songs are not bound by language alone — whether in Hindi or Urdu, they belong to the language of the heart.
I offer these words not as answers, but as reflections — of love in its many shades:
profound, tender, and eternal.
May you find in them some glimpses of your own story, your own silence, your own heartbeat.

— *Smriti Bhatheja*

Acknowledgements

This collection of thoughts, words, and emotions would not have found its way to paper without the quiet guidance of a constant, who somehow always knew when to challenge, when to listen, and when to let me simply be.

Though these poems explore the many facets of love, it's the unspoken presence of someone—whose influence is woven through every verse—that truly breathes life into them and turn them into beautiful compositions. The one who never sought credit but somehow turned every moment into a story, every silence into a spark and every spark into a song.

And then there's the gift I've been blessed with—the ability to feel deeply, to reflect, and most of all, to express the colors of the heart. I am deeply thankful for this, for it is a gift that allows me to share my soul through these words —*thank you God.*

To the quiet muse, the gentle critic, and the one whose presence is felt even in the spaces between the lines—*thank you Manik.*

1. Ishq Ka Qissa

Mere Ishq ka qissa
Bada ajeeb hai
Mere dil ka ek tukda tere paas hai
Tere dil ka ek tukda mere qareeb hai

Har aahat pe sehem jaata hun
Har lamhe ki qeemat chukata hun
Kyun mere dil se khele
Sapnon mein tha tu pehle
Ab teri yaadein mera naseeb hai

Mere Ishq ka qissa
Bada ajeeb hai
Mere dil ka ek tukda tere paas hai
Tere dil ka ek tukda mere qareeb hai

Ye dard gar na hote bezuban
Aansuon pe na hota rahem qurban
Tere hisse ke bhi bahata hun
Tera hissa na ban pata hun

Kyun tujhse hai mere dil ko raahat
Kaisi na jaane
Khuda ki yeh tarqeib hai
Ke tu hi meri muqammal chaahat
Tu hi mera pyaara raqeeb hai

Mere Ishq ka qissa
Bada ajeeb hai
Mere dil ka ek tukda tere paas hai
Tere dil ka ek tukda mere qareeb hai

Ae zehnaseeb
Mere zehen ne tujhko panah di hai
Naseeb ne magar thukraya hai
Meri har saans mein tu shaamil hai
Aur aankhon mein tera hi noor samaya hai
Mere ishq ka qissa bhi kitna ajeeb hai
Inn aankhon ki nami mein bhi
Tu hi ae zehnaseeb hai

2. Likhawat

Koi jaadu hai
Yaan kudrat hai
Mil gayi jaise ek jannat hai
Kuch toh ajab, gazab hua hai zaroor
Teri dhadkan
Bani mere dil ka noor

Jab se Mehsoos
Hone lagi Teri aahat hai
Samajh aane lagi qismat ki likhawat hai

Pehli mulakat
Ankhon se bayaan
Hua har jazbaat
Kuch toh ajab gazab hua hai zaroor
Teri hassi
Bani mera fitoor

Uss din se lagi
Jaise Mujhe teri aadat hai
Samajh aane lagi qismat ki likhawat hai

Socha tha bhi
Aur nahin bhi
Lag raha hai
Har galat sahi bhi
Kuch toh ajab gazab hua hai zaroor
Teri mohobbat
Bani mera kasoor

Sach lagne lagi
Ishq ki har kahawat hai
Samajh aane lagi hai qismat ki likhawat hai

3. Silvatein

Silvatien hain kayi
Resham se dil pe mere
Nazaron se chup kar
Nazuk dil mera cheer jati hain

Karvatein hain kayi
Reshami bistar pe mere
Neendon se uth kar
Sapne tod jaati hain

Baatein hain kayi
Zehen ki zuban pe mere
Dil ki kitaabon ke harf
Khamoshi mein bol jaati hain

Silvatein hain kayi
Resham se dil pe
Nazron se chup jaati hain
Nazuk dhadkanein
Cheer ke zakhm bana jaati hain

Karvatein hain kayi,
Tanhaayi ke bistar pe
Neendon ke daaman mein aati hain
Nazuk Sapne
Berehmi se tod kar bikhaer jaati hain

4. Parchayi

Tu mujhse juda nahi hai
Kareeb hai
Mera khush naseeb hai
Aas lagai thi teri kabhi uss khuda se
Aaj aisa lagta hai
Kahin tu hi toh woh khuda nahi hai

Tujhse tujhko juda kiya hai
Jo baaki tha mera adha
Woh pura kiya hai
Rooh mein teri samaa kar maine
Apna aap tere naam kiya hai

Mera roop rang sab maine
Tere hi rang ramaya hai
Samne tere roshni rahe hamesha
Yun khud ko teri parchai banaya hai

Yun khud ko teri parchai banaya hai
Ke berang ho gayi hun

Berang ho gayi hun
Jo tere sang ho gayi hun
Tu ab roshni se aage bhi nikal jaye
Toh gila nahi
Main tere sang
Mast malang ho gayi hun

5. Mohobbat Ki Qala

Ye teri mohobbat hai
Yaan meri koi qala
Teri meri qurbat hai
Yaan Ishq hai hi aisi bala

Ke razaa bhi tujhse
Sazaa bhi tujhse
Tujh bin bezari kaifiyat
Mazaa bhi sirf tujhse

Ye teri mohobbat nahi
Hai meri mohobbat ki qala

Tu juda hoga na mujhse
Khuda ka waada hai mujhse
Chahe toh pooch le uss se
Gar koi ikhtilaf hai iss se
Tarazu pe tol le chahe
Saari shauhratein
Yaan humare chand qisse

Ye teri mohobbat nahi
Hai meri mohobbat ki qala
Teri meri qurbat hai
Yaan Ishq hai hi aisi bala

6. Junoon

Jab paana tha tujhko
Toh junoon keh diya
Jab paa liya tujhko
Toh sukoon keh diya

Mehsoos kiya tuhko
Meetha ehsaas karaar diya
Tere naam ka nasha maine
Apni ragon mein utaar diya

Tere kadmon ki aahat se
Har safar ki manzil hai
Teri ek hassi ke rang se
Mujhe Indra-dhanush haasil hai

Ab mohabbat ka matlab
Bas tera zikr hai
Har lamhe ka maksad
Bas teri fikr hai

7. Ishaaron Ka Khel

Main Tumse jo na keh saki aaj
Woh baat ashk ban kar beh gayi
Ye baazi bhi tum jeet gaye
Khel aankhon ke ishaaron ka tha
Aur main baatein karti reh gayi

Chandni mein lipte the jo mere raaz
Chand ke hi hokar reh gaye
Jo meri qalam likhti rahi alfaaz
Tum do nigaahon se keh gaye

Lafhzon ke jaal bunna hai kaam mera
Isharon ke khel ka Taj Tumpe
Chup Chap Jaal mein phans jao
Kardo ek aur ehsaan mujhpe

8. Tera Shringar

Kaanon mein tere geet sajja lun
Jo meri khamoshi bhi sureeli bana dein
Naak pe tere nakhre baitha lun
Jo meri har saans ko bhi ada bana dein

Main apni kalayi pe baandh lun teri nassein
Taaki mera khoon bhi teri orr bahe
Phir chahe mujhpe duniya hasse
Teri Khushboo fakat mera itr rahe

Tujhe gehna banake main pehn lun
Bas jo tu meri orr dekh le
Meri chamak gar tu seh na paaye
Toh phir koi aur dekh le

9. Dhak Dhakao Na

Roothe ho kyun, maan jaao na
Dil phir se dhak dhakao na
Dekho duur jaao na
Dil ka darwaza khat khatao na
Dil phir se dhak dhakao na

Baarish ke jaise ab satao na
Gusse ki boondon mein
Thoda pyaar bhi toh barsao na
Geeli mitti ki mehek jaise
Mujhe apni khushboo se Mehkao na
Dil ka darwaza khat khatao na
Dil phir se dhak dhakao na

Neendon mein meri
Khwab bankar aa jao na
Haule se chaddar tale
Mere paanv ke tale
Gudgudao na
Dekho sharmao na

Dil ka darwaza khat khatao na
Dil phir se dhak dhakao na

Subah ke laute
Shaam ko hi aa jao na
Bhula na kahun main
Ghabrao na
Dil ka darwaza khat khatao na
Dil phir se dhak dhakao na

10. Kham-a-Khan

Kham a khan hui ye tez baarish
Bheegne ke liye toh
Mere aansu kaafi the
Phir ye baarish ne kyun takleef ki
Kham a khan!

Kham a khan ye sailab aaya hai
Doobne ke liye toh
Teri aankhein kaafi thi
Phir ye samandar ne kyun takleef ki
Kham a khan!

Kham a khan ye toofan aaya hai
Bikharne ke liye toh
Zindagi kaafi thi
Phir ye mausam ne kyun takleef ki
Kham a khan!

Kham a khan hi ho jaata hai ishq
Kham a khan ki yeh mohobbat

Be-itibaari ke liye toh kudrat hi kaafi thi

Phir ye aashiq dil ne kyun takleef ki

Kham a khan!

11. Humdam

Teri saanson ki garmi se
Meri nasein behti hain
Meri dhadkan ko choom ke
Tu apna dil dhadka le

Teri nazaron ke dam pe
Meri aankhein chamakti hain
Meri palkon ko choom ke
Tu apne sapne sajja le

Tere haathon ki lakeeron pe
Meri qismat likhi hai
Mera matha choom ke
Tu apna naseeb bana le

12. Tanhai ka Nasha

Boht kaam hai baaki
Uske aane se pehle
Thodi aur pila de saaki
Hosh aane se pehle

Ke hosh aa gaya toh
Sab simat jayega
Phir usse kaise pata chalega
Ke uske jaane se kya kya ujad gaya tha

Ke hosh aa gaya toh
Palkein band ho jaayengi,
Phir kaise usse samajh aayega
Ke khwab kaunsa toot kar bikhar gaya tha

Ke hosh aa gaya toh
Hulchul mach jayegi
Phir kaise usse mehsoos hoga
Ke waqt mera ussi pal theher gaya tha
Jab woh mujhe Tanha chod ke gaya tha

13. Hisaab

Tera mera kya hisaab hai
Aa baith, zara dekh lein
Pakka pura ho gaya
Kache par abhi naqaab hai
Aa baith, zara dekh lein
Tera mera kya hisaab hai

Kitne zakhm diye aur liye kitne
Kitne karz chuka diye
Aur farz baaki hain kitne

Lafhzon se shuruat karein
Lekin kaise hisaab karein
Kuch hi zubaan pe aaye
Baaki, hum keh na paaye

Ashkon ki baat karein
Lekin kaise hisaab karein
Kuch hi aankhon ne bahaye
Baaki, takiye mein jaa samaye

Din jo humne saath bitaye
Unhein yaad karte hain
Par unn faaslon ka kya
Jo raatein barbaad karte hain

Tera mera kya hisaab hai
Aa baith, zara dekh lein
Kitni baaki hain saansein
Kitni hui kharaab hai

Tere Mere Darmiyaan
Ilzaam aur Pyaar behisaab hai
Jitne sawaal uthe, mile utne hi jawaab hain
Teri meri kahaani ek Khuli kitaab hai

14. Raaz

Raaz chupe hain jo tere dil mein
Unpe parda barkarar rehne de sanam
Tere bahaane mere dil ko qaraar dete hain
Sachi lagti hai teri har jhoothi kasam

Chup rehna bhi lekin fizool hai
Chori saaf dikhayi deti hai
Meri aankhon mein nahi
Aaine pe chadi dhool hai

Aaine pe chadi dhool
Saaf karti hun toh
Teri surat dikhayi deti hai
Shor sunayi nahi deta
Khamoshi sunayi deti hai

Tere raaz shayad samundar se bhi gehre hain
Kyunki samundar mein toh apni
Tere raaz mein kisi aur ki surat dikhayi deti hai

15. Duur Duur

Kyun kehta hai mujhse
Ki duur duur rehti hun tujhse
Koi kasoor koi khata
Toh nahi hui mujhse

Kyun kehta hai mujhse
Gore rang ne sada nahin rehna
Gore rang pe kaisa mujhe maan
Bas yehi ilzaam tera
Le leta hai meri jaan

Rab se pehle tera sajda
Jo teri nazron mein main sajti
Meri hassi mein tu hasta hai
Paas hokar bhi nahi dikhti

Na dikhta mere gore rang pe
Kaala til tere naam ka
Ansu rok ke deti hun
Vaasta tujhe pyaar ka

Ye gora rang bana mera dushman
Gore rang pe mujhe na maan
Kaise tujhe samjhaun
Tere rang mein rangti jaun
Tu hi hai meri jaan
Tu hi hai meri jaan

16. Khat

Shama ki lau mein
Parwana khat be-harf jal jaata hai
Palkon ke kone par
Paani ka ek katra tham jaata hai

Taaron se likhwakar ek khat
Baarish har baar aati hai
Bin pate ka khat lekar
Bin barse beet jaati hai

Sookhi boondein
Rookhe harf ban jaati hain
Lafz dar lafz karke
Phir ek khat ki kahaani dohrati hain

Phir baarish ke guman mein
Har lafz bheeg kar phisal jaata hai
Aur kaagaz ka panna
Kora hi reh jaata hai

Adhoore khwabon ke rang
Ussi baarish mein dhul jaate hain
Bheege hue jazbaat
Khud hi se rooth jaate hain

17. Lazmi

Gar itna lazmi hota
Rang mein rang Jaana
Toh phool sang kaante bhi mehkte
Guldaste ko bikharne ka
Na milta koi bahana

Gar itna lazmi hota
Sapnon ka toot jaana
Toh raat sang neendein bhi kaali hoti
Tootke girte taare ko dekhkar
Na naya khwab sajata zamana

Gar itna lazmi hota
Bichhad ke bhool jaana
Toh seene ki aag mein tasveerein jal jaati
Aur yaadon ko
Na padhta uss raakh ko bujhana

18. Raat se Yaari

Din ke daaman mein
Goonjta hai ek khalipan
Shaam jo rakhti hai
Raat ke kandhe pe sir
Karwat leta hai deewanapan

Beqarari ban jaati hai khumari
Lagta hai shayad
Mere dil ki hai
Raat se yaari

Dhoop se ankhon ko hai
Bewajah inkaar
Chandni se har raat karti hain
Pyaar ka izhaar
Koi purani karz-daari hai
Yaan sirf andhere ki hoshiyaari
Lagta hai shayad
Mere dil ki hai
Raat se yaari

Udhari ban jaati hai khuddari
Lagta hai shayad
Mere dil ki hai
Raat se yaari

19. Aalam

Zara ilm bhi nahi Kya aalam hai
Haal-e-dil se Bekhabar baalam hai

Hothon pe muskaan hai
Muskaan ke peeche chupi
Khamoshi ke matlab se
Woh anjaan hai
Zara ilm bhi nahi Kya aalam hai
Haal-e-dil se Bekhabar baalam hai

Har mushkil asaan hai
Mukammal jahaan hai
Lekin andar ke toofan se
Woh anjaan hai
Zara ilm bhi nahi Kya aalam hai
Haal-e-dil se Bekhabar baalam hai

20. Ek Saath

Jab se saath rehne lage hain
Main ko hum kehne lage hain
Khidki teri sondhi saanson se khulti hai
Raatein ab bin karwat guzarti hai
Jab se saath rehne lage hain
Main ko hum kehne lage hain

Ab bura nahi lagta
Shaam ka itni jaldi dhalna
Acha nahi lagta ab
Gaadi ka ruk ruk kar chalna
Saath safar katna hi ibadat ho gayi hai
Jabse humari manzil qayamat ho gayi hai

Intezar ki akhir zamaanat ho gayi hai
Baaton ke beech ghadi ko bhi
Ruk ruk kar chalne ki aadat ho gayi hai
Waqt ki haseen nazakat ho gayi hai
Jabse ek humari qismat ho gayi hai

Jab se hum saath rehne lage hain
Din aur raat saath behne lage hain
Iss janam har pal saath jeena hai
Har pal ek janam sa jeena hai
Bas har baal chandi sa safaed ho jaye
Phir akhri ghoonth tere haath se peena hai

Jab se saath rehne lage hain
Main ko hum kehne lage hain

21. Tere Mere Darmiyaan

Tere mere darmiyaan
Ek soch lagi lene siskiyaan
Pichle kissi janam ki garmiyan
Le aayi tassawur mein narmiyan
Garmiyon se sardiyan
Bechain kayi khayal lage lene hichkiyan

Phir qalam ke zehen mein aayi mastiyan
Aur dil ne bheji haseen arziyaan
Kagaz par giri meri manmarziyan
Ban gayi kudrat ki asharfiyan
Kuch pheeki kuch mishri ki barfiyan

Ek soch se nikla qafila
Tere mere darmiyan
Lafz bunte bunte
Bane matlab be-matlab ke jumle
Behne laga ek ghazal ka dariya
Sajne lagi nazmon ki bastiyan
Tere mere darmiyan

www.ingramcontent.com/pod-product-compliance
Lightning Source LLC
Chambersburg PA
CBHW070652240926
51846CB00003BA/880
* 9 7 8 9 3 7 3 1 4 3 0 4 0 *